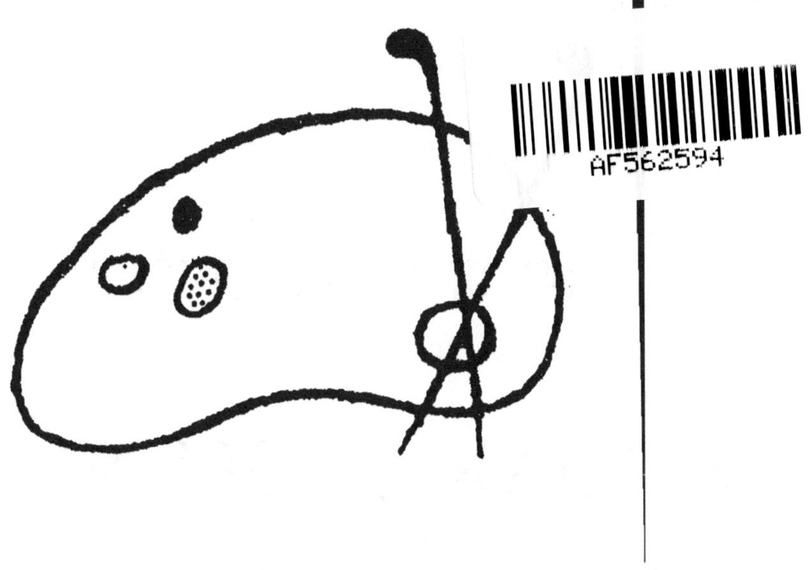

Début d'une série de documents
en couleur

NOTICE NÉCROLOGIQUE

SUR

M. CHARLES SCHMIDT

PROFESSEUR ÉMÉRITE

A LA FACULTÉ DE THÉOLOGIE DE STRASBOURG

(1812-1895)

PAR

RODOLPHE REUSS

STRASBOURG
Imprimerie alsacienne anc^t G. Fischbach
1895

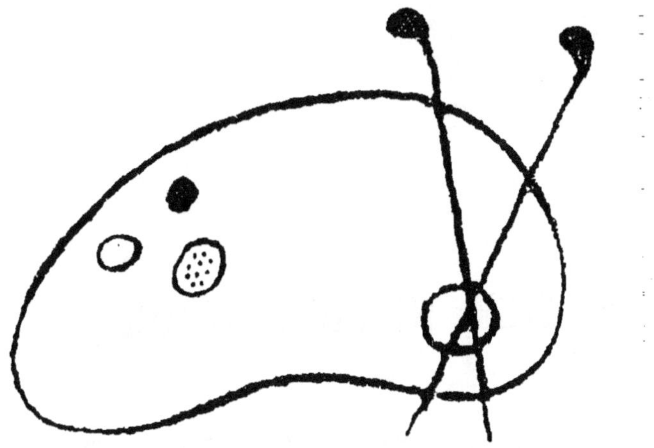

Fin d'une série de documents
en couleur

NOTICE NÉCROLOGIQUE

SUR

M. CHARLES SCHMIDT

PROFESSEUR ÉMÉRITE

à la Faculté de théologie de Strasbourg

(1812-1895).

Dans la nuit du dimanche au lundi, 11 mars, s'est éteinte l'une des existences les mieux remplies qu'il nous ait été donné de connaître. Un travailleur infatigable est entré dans son repos ; l'Alsace protestante perd un des plus savants parmi les théologiens de marque qu'elle a produits, et nous tous, qui nous consacrons à l'étude du passé de notre province natale, nous venons porter à celui qui fut si longtemps notre maître un dernier hommage de tristesse et de regrets.

M. Charles-Guillaume-Adolphe Schmidt était né le 20 juin 1812 à Strasbourg, où son père était libraire-éditeur. Après avoir terminé ses études au Gymnase protestant, le jeune homme suivit les cours préparatoires du Séminaire, puis, à partir de 1830, ceux de la Faculté de théologie. Il appartenait à cette forte et brillante promotion qui commença ses études aux alentours de la Révolution de Juillet et fournit, dans des carrières bien diverses, tant de travailleurs solides et de savants remarquables. Sur les bancs du Séminaire, il fut le condisciple des Schimper, des Auguste Stœber, des Bergmann, des Baum, des Cunitz, des Graf et des Bartholmess, pour ne nommer ici que quelques-uns des plus connus parmi ses émules.

M. Schmidt se consacra, dès l'abord, à l'étude de l'histoire ecclésiastique, et comme il désirait entrer dans la carrière académique, il conquit rapidement les différents diplômes qui devaient lui en ouvrir l'accès. Bachelier en théologie en 1834, licencié en 1835, il était reçu docteur dès 1836, et l'année d'après, il commençait ses cours comme agrégé libre au Séminaire protestant de sa ville natale ; il ne devait les interrompre que quarante ans plus tard.

En 1839, le titulaire de l'enseignement de la

théologie pratique au Séminaire étant décédé, le jeune agrégé se présenta pour lui succéder, bien que ses études favorites ne l'eussent guère préparé pour cette tâche. Il obtint la place et, quelque temps après, en 1843, il fut chargé du même enseignement à la Faculté de théologie. Mais il ne se sentait pas, au fond, grande vocation pour la chaire. Aussi cette discipline toute spéciale, dont il fut le représentant officiel pendant un quart de siècle, n'exerça-t-elle pas d'influence sensible sur ses travaux scientifiques, et l'on peut négliger ici les rares écrits, opuscules théoriques et sermons qui s'y rattachent, en rendant compte de l'œuvre si considérable du savant historien.

En 1849, M. Charles Schmidt succéda à M. le doyen Bruch dans la direction du Gymnase protestant et remplit ces fonctions pendant une dizaine d'années ; il les reprit encore une fois, en 1865, à la démission de mon père, pour les quitter définitivement en 1868. En 1864, la mort de M. André Jung, professeur d'histoire ecclésiastique à la Faculté et au Séminaire et conservateur des deux bibliothèques de Strasbourg, permit enfin à M. Schmidt de s'occuper, officiellement aussi, de l'enseignement de sa science préférée. Il fut le successeur de M. Jung, dans sa chaire d'histoire ecclésiastique au Séminaire, jusqu'à la suppression de cet établissement en 1872, et à la Faculté jusqu'en 1877, date à laquelle il demanda sa mise à la retraite après quarante ans de labeur académique.

Un instant il avait songé à passer la frontière, lorsque le gouvernement français reconstitua notre ancienne Faculté de théologie au sein de l'Académie de Paris. L'appel pressant de ses anciens collègues de Strasbourg, qui lui destinaient la première place à l'école nouvelle, le toucha profondément; mais il ne put se décider à quitter le cadre paisible où s'était écoulé sa vie tout entière et à recommencer ailleurs une carrière pour ainsi dire nouvelle, alors que son âge et tant de travaux déjà accomplis ne lui permettaient plus de compter sur un bien long avenir. Depuis, il a vécu, très à l'écart de ses contemporains et presque solitaire, au milieu de ses chers livres, dans cette vieille maison canoniale de Saint-Thomas, entre la rue Salzmann et la rue des Cordonniers, la même qu'habita Jean Sturm au seizième siècle. Son petit cabinet de travail, abrité sous les ombrages touffus de son jardinet, semé de débris gothiques, fut désormais le centre véritable de son existence, le sanctuaire où, se désintéressant de plus en plus des bruits extérieurs, l'éminent savant passait ses journées laborieuses comme un bénédictin d'autrefois. Ayant perdu depuis de longues années la compagne de sa jeunesse et de son âge mûr, séparé de ses enfants par les nouvelles frontières politiques, il cherchait et trouvait dans un travail sans relâche la consolation, ou du moins l'adoucissement de bien des épreuves intimes, des vicissitudes et des tristesses du dehors ; de toutes ces épreuves aucune ne lui fut plus pénible — il me l'a souvent répété lui-même — que de sentir le poids irrésistible de l'âge diminuer graduellement cette puissance de travail, qu'il a su conserver néanmoins jusqu'au bout. Dans ces dernières années du moins, le vieillard octogénaire a vu quelques-uns de ses petits-enfants remplir d'un rayon de soleil la vaste demeure, si longtemps déserte, et lorsque l'heure suprême a sonné, la main de sa fille a pu lui fermer les yeux.

La vie d'un savant est presque tout entière dans ses livres. Quand on parcourt la liste de ceux qui sont sortis de la plume de M. Schmidt, on éprouve tout d'abord un sentiment d'étonnement à en constater le nombre, comme aussi la diversité des sujets qu'il a traités. Cet étonnement se change en respect quand un examen plus approfondi permet de s'assurer avec quelle compétence, toujours la même, il a suffi à sa tâche. Il ne saurait être question de donner ici la bibliographie complète de l'auteur ; à moins que le défunt ne l'ait dressée lui-même, la besogne ne sera pas facile pour son biographe futur, tant est considérable le chiffre des mémoires et des articles divers que M. Schmidt a semés, durant sa longue carrière scientifique, dans des recueils encyclopédiques ou des revues spéciales, tant en France qu'en Allemagne. Pour ne parler que de nos recueils alsaciens, on en trouverait de quoi remplir toute une série de volumes, dans la *Revue d'Alsace*, le *Bulletin des monuments historiques*, les *Strassburger Beiträge zu den theologischen Wissenschaften*, le *Bulletin de la Société industrielle de Mulhouse*, les *Mémoires de la Société d'archéologie lorraine*, etc., etc.

Comme théologien, M. Schmidt a débuté par de nombreuses et savantes études sur l'histoire des mystiques et des sectes hérétiques du moyen âge. Après sa thèse de doctorat, *Essai sur les mystiques du quatorzième siècle* (1836), il a publié un essai sur *Jean Gerson, chancelier de l'Université de Paris* (1839), et la biographie du célèbre dominicain Tauler (Hambourg, 1841).

A ce groupe se rattache encore l'ouvrage capital de son âge mûr, l'*Histoire et doctrine de la secte des Cathares ou Albigeois* (Paris, 1849, 2 vol. in-8°), qui fut couronné par l'Académie des inscriptions et belles-lettres et qui a conservé jusqu'à ce jour une haute valeur scientifique. Plus tard M. Schmidt est revenu à ses études favorites, en publiant le *Livre des neuf rochers* du mystique strasbourgeois Rulman Merswin (Leipzig, 1859) et la curieuse biographie de l'hérétique Nicolas de Bâle (Vienne, 1866).

Les écrits du savant professeur sur l'époque de la Réforme ne sont guère moins nombreux. Il débuta sur ce terrain par les *Etudes sur Farel* (1834). Bientôt après il écrivit une biographie de Pierre Martyr Vermigli (1835) qu'il devait reprendre plus tard, en la développant, dans la grande collection des *Vies des pères de l'Eglise luthérienne et de l'Eglise réformée*, mise au jour par un éditeur d'Elberfeld. Le talent de l'auteur et son esprit critique avaient mûri, quand il fit paraître son *Gérard Roussel, prédicateur de la reine de Navarre* (1845), et dix ans plus tard, son beau livre sur *la Vie et les travaux de Jean Sturm*, fondateur et premier recteur du Gymnase et de l'Académie de Strasbourg (1855). Mentionnons encore sa volumineuse *Vie de Mé-*

lanchthon (1861) et les *Traités mystiques écrits de 1547 à 1549*, publiés à Genève en 1876. Nous ne citons point toute une série d'autres publications du même genre, mais nous ne saurions passer sous silence deux des principales œuvres d'histoire ecclésiastique sorties de la plume de l'auteur. L'un est un travail déjà ancien, l'*Essai historique sur la société civile dans le monde romain et sa transformation par le christianisme*, paru en 1853, qui lui valut la croix de la Légion d'honneur et fut couronné par l'Académie française ; l'autre appartient à la verte vieillesse de l'auteur et résume avec autorité une partie de son long enseignement académique ; c'est l'*Histoire de l'Eglise chrétienne au moyen âge*, publiée en 1883.

Tous ces travaux, justement appréciés des érudits et des théologiens de tous pays, n'avaient pas pénétré pourtant, sauf peut-être la *Vie de Jean Sturm*, dans les couches plus larges du public alsacien. C'est par des publications, généralement étrangères à ses études premières, que M. Schmidt a conquis la notoriété, qu'il méritait si bien, parmi ses compatriotes. Il est devenu, de plus en plus, un *alsatiqueur*, si je puis m'exprimer ainsi, et, au moment où la mort est venue nous l'enlever, il était, non pas seulement par le privilège de l'âge, mais par le mérite intrinsèque de ses travaux, le représentant le plus autorisé des études alsatiques parmi nous. A mesure que le temps exerçait son influence calmante sur les controverses ecclésiatiques auxquelles il avait participé jadis, à mesure aussi que l'intérêt de certaines questions diminuait pour lui, ou que les questions elles-mêmes lui semblaient épuisées, le savant professeur se détournait davantage de la théologie proprement dite, pour se vouer de préférence à l'histoire littéraire, à l'histoire des mœurs en Alsace, à des recherches sur la topographie de Strasbourg, etc.

Il s'y était exercé d'ailleurs de bonne heure ; dès 1842, à l'occasion du Congrès scientifique tenu dans nos murs, il publia, comme membre du comité d'initiative, une *Notice sur Strasbourg*, volume compact et qu'on consultera toujours utilement quand on voudra se faire une idée exacte du Strasbourg d'alors. En 1860, il fit paraître son *Histoire du Chapitre de Saint-Thomas de Strasbourg pendant le moyen âge*, travail précieux non seulement pour l'histoire ecclésiastique locale, mais pour celle du mouvement intellectuel en Alsace. En 1871 parurent, sous le voile de l'anonyme, les intéressantes recherches sur les noms des rues et des maisons de Strasbourg au moyen âge (*Strassburger Gassen- und Hœusernamen*), dont une édition nouvelle, revue et augmentée, fut donnée, signée de son nom, en 1889.

Ce sont également des recherches de première main que renferme son volume sur les plus anciennes bibliothèques et les premiers imprimeurs de Strasbourg (*Zur Geschichte der ältesten Bibliotheken und Buchdrucker Strassburgs*, 1882). Dans ces dernières années, M. Schmidt avait porté plus particulièrement son attention sur les humanistes alsaciens de la fin du moyen âge, et grâce à de patientes et fructueuses investigations dans une foule de collections publiques et particulières, il est devenu une autorité pour les rares et courageux travailleurs qui défrichent ce champ d'études aussi attrayant que peu connu. Il a résumé le fruit de ses recherches dans son *Histoire littéraire de l'Alsace à la fin du quinzième et aù commencement du seizième siècle* (1877), qui lui valut derechef une des couronnes de l'Institut et qui témoigne d'une érudition prodigieuse, toujours sûre d'elle-même. Plus récemment, il nous a raconté la curieuse biographie d'un humaniste souabe, Michel Toxites, qui vécut longtemps en Alsace (1889); il a publié enfin, de 1892 à 1894, quatre volumes d'un *Répertoire bibliographique strasbourgeois jusque vers 1530*, qui restera longtemps encore le guide le plus sûr de tous ceux qui voudront se renseigner sur les produits certains des presses de notre ville, depuis les débuts de l'imprimerie locale jusqu'au triomphe de la Réforme.

Nous devons arrêter ici cette énumération déjà trop longue, mais qui est bien loin d'être complète. Pendant soixante ans d'une activité littéraire non interrompue, M. Schmidt a fourni, comme on voit, un nombre tout à fait exceptionnel de travaux érudits. Si l'on y désirerait parfois un peu plus de vie et de couleur, on se console aisément de l'absence de ce don, fatal à tant d'historiens qui en abusent, par l'abondance des faits nouveaux et des données précises que l'auteur sait réunir sur tous les sujets qu'il traite, en les renouvelant quand d'autres les ont traités avant lui, en les créant le plus souvent, pour ainsi dire, à l'aide de documents qu'il est le premier à découvrir ou du moins à mettre en œuvre. C'est un de ces savants trop rares, dont les écrits peuvent être utilisés avec une entière confiance, parce qu'il n'a jamais parlé que de choses qu'il avait étudiées à fond, et que jamais ni le culte de la phrase, ni l'esprit de parti n'ont exercé sur ses jugements scientifiques leur influence délétère.

M. Charles Schmidt était le dernier survivant de cette génération d'élite dont nous énumérions en partie les noms tout à l'heure, et qui ont fait, avec beaucoup d'autres, la gloire de l'Académie de Strasbourg. Il rappelait encore parmi nous bien des souvenirs du passé, cet antique Gymnase, détruit par l'incendie de 1860, notre vieux Séminaire protestant avec son microcosme original, cette faculté de théologie de jadis, si brillante il y a trente ans, et qui n'est plus qu'un lointain souvenir, aujourd'hui que les plus jeunes représentants de l'Ecole de Strasbourg d'alors sont devenus les doyens de l'Ecole sœur de Paris. Ce n'est pas sans une mélancolie profonde que les plus âgés d'entre nous l'accompagneront demain à sa dernière demeure. Il personnifiait seul encore à nos yeux, depuis la mort de mon père, les souvenirs d'un temps qui s'enfonce toujours plus avant dans le passé ; il prêchait aux générations nouvelles, par un exemple sans cesse renouvelé, les joies austères et les bénédictions du travail.

Depuis longtemps M. Schmidt avait dépassé l'âge où tant d'autres se reposent sans avoir jamais travaillé comme lui. Il ne croyait pas cependant avoir acquitté sa dette envers la science, et jusqu'au dernier moment où il put tenir une plume, il n'a pas songé à interrompre son labeur.

J'ai pénétré hier une dernière fois dans ce petit cabinet de travail, tapissé de tableaux, de dessins et de portraits de famille, rempli de livres précieux sur lesquels le maître veillait avec un soin jaloux, et où bien souvent j'étais heureux de venir chercher, dans une causerie familière, quelque renseignement sur ce passé strasbourgeois que M. Schmidt connaissait mieux que personne. On m'a montré, entr'ouvert sur sa table de travail, le dernier numéro de la *Revue historique,* parue il y a huit jours. La main défaillante du vieillard octogénaire en coupait encore les feuillets au moment où on dut le transporter sur son lit qu'il n'a plus quitté que pour le cercueil. Le spectacle d'une énergie si tenace dans le travail, d'une application si persévérante de la volonté à satisfaire des besoins intellectuels, peut être présenté comme un exemple précieux à la génération contemporaine, si dédaigneuse d'études prolongées, si hâtive en ses productions, si avide surtout de triomphes faciles. Pour nous qui, depuis tant d'années, regardions comme un honneur et comme un devoir de signaler, ici même, à nos concitoyens, les remarquables travaux que ne cessait de produire la plume érudite et féconde de M. Schmidt, nous conserverons avec un sympathique respect le souvenir d'une existence si longue et consacrée presque tout entière à l'étude et à la recherche impartiale de la vérité scientifique.

RoD. REUSS.

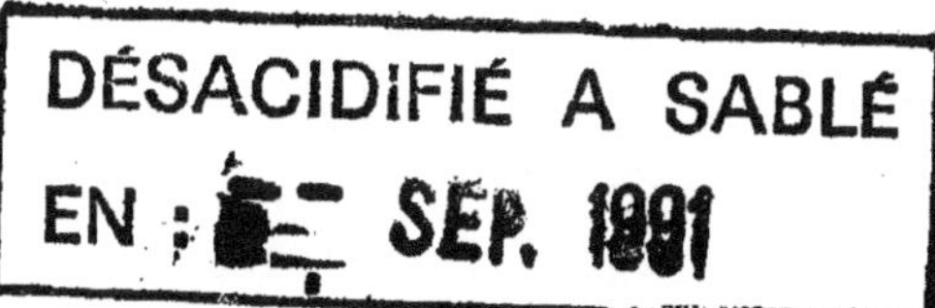

Impr. Als. anct G. Fischbach, Strasbourg. — 1417

153

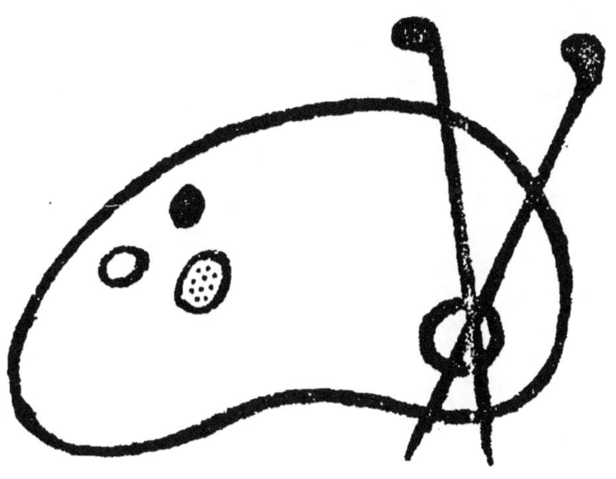

www.ingramcontent.com/pod-product-compliance
Lightning Source LLC
LaVergne TN
LVHW010317230826
846091LV00009B/3704
9782016139776